i

i *i*

i *i*

i

o o o

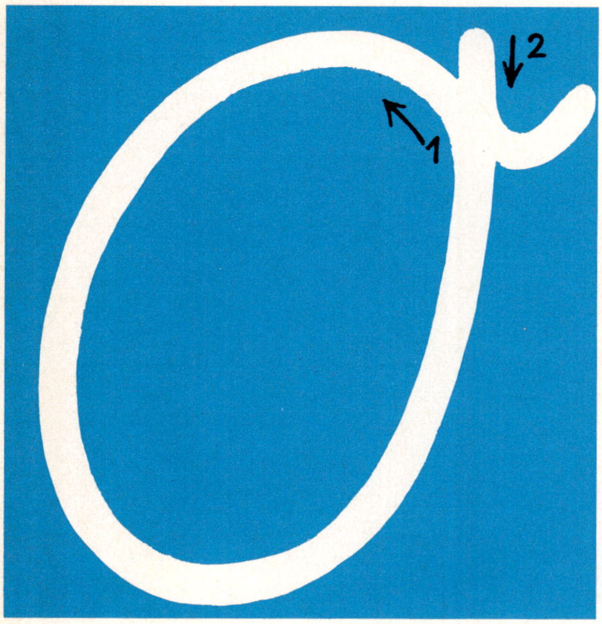

o

o

o

o

a

a

a

a

ai ai

ai

l

l

l

l

li

llll

l l

i i

li

O

 Oli

Oli

lili

a

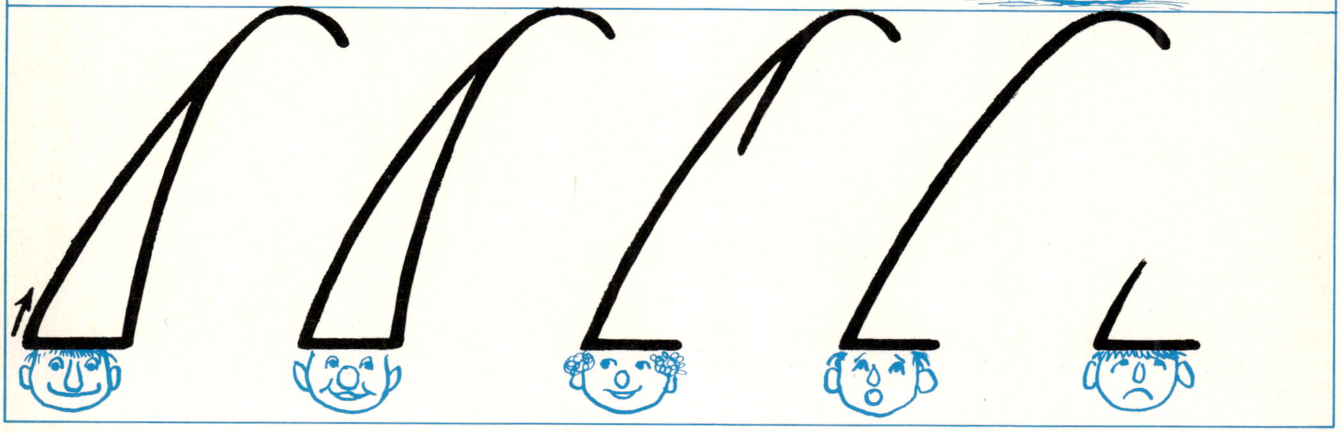

o

o

lo

lolli

u

u

u

u

u

lu

U

U

u

Uli

lilu

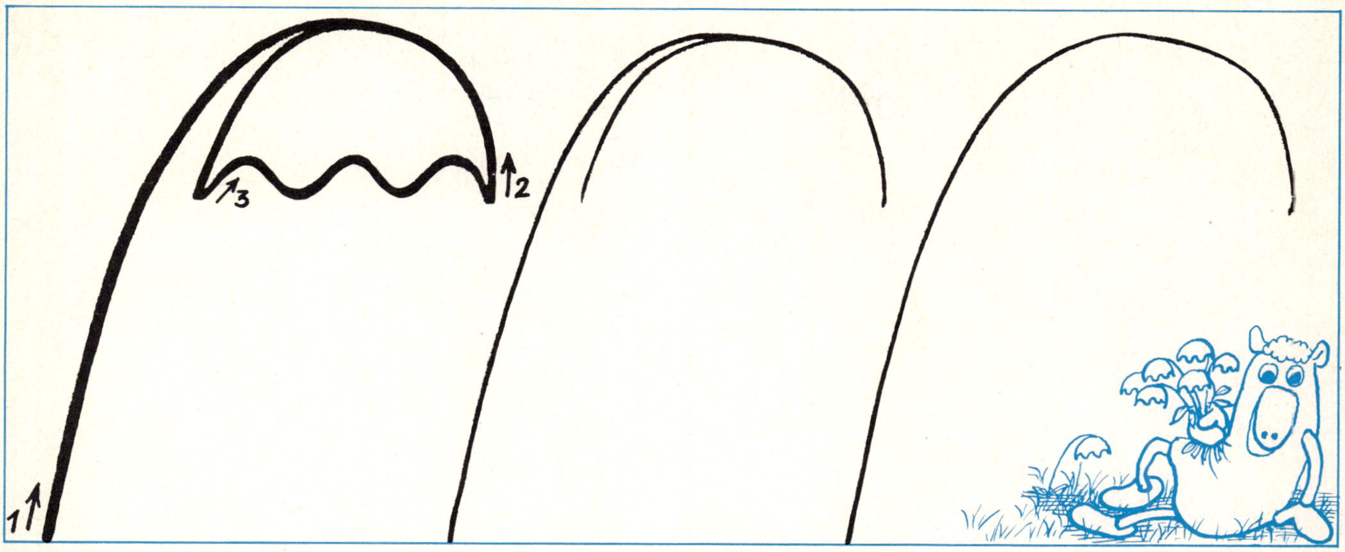

a

a

a

a

a

la

la

lala

lila

Ulla

S

S

S

S

Si

So

Sa

Silo

Solo

s

s

s

s

so

soll

los

los Oli

so

Susi

los

Oli

aus

soll

Oli soll los

so Susi aus

A

A

A

A

Ali

Alu

Ala

Au

au

aus

lau

saus

aua

Ali

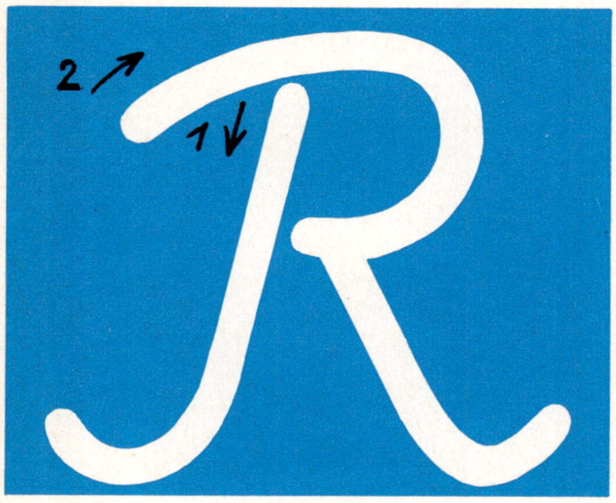

R

R

R

R

Ri

Ra

Ru

Ro

Rosi

Rosa

r

r

r

r

ri ra ru

raus

rosa

L L

Li

Lu

Lo

La

Lilo

Lola

Laus

Oli

Lusi

Lora

Ali

T

T

Ti

Tor

Tau

Tal

Till

Tilo

t

t

t

Auto

tut

toll

ist

Toto

laut

Uta

Toto ist toll.

E

e

Ele

Esel

Else

See

Tee

Tasse

Uta

ist

Auto

Esel

Toto

rot

saust

toll

Toto saust los, toll.

T

Utas Auto ist so rot.

U

N

N

N

Nest

Not

Nase

Nelli

O Nile Nale Not,
Nellis Nase ist so rot.

n

n

n

n

n

na

nu

nanu

Ente

Sonne

Nina

lesen

I

I

I

I

Ilse

Insel

Italien

Ilses Insel ist toll.

Ei

Eis

Eile

Eier

ei

ein

sein

nein

Teil

Reis

Reise

Seil

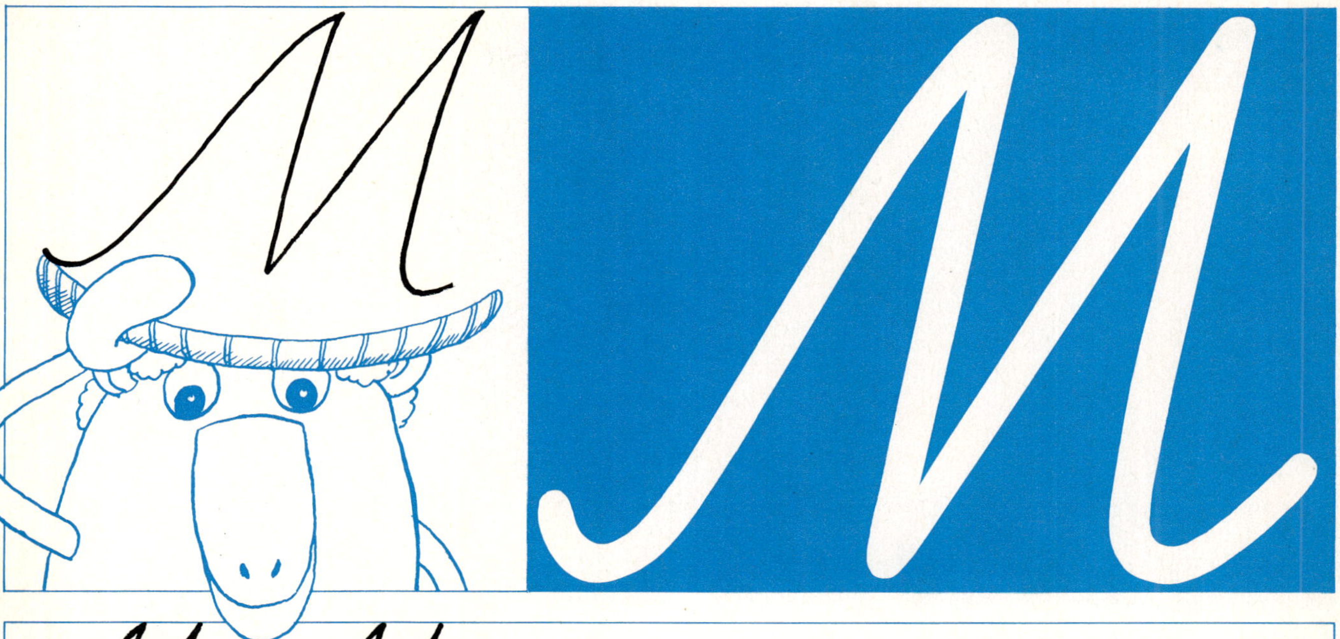

M M

Mutti

Mann

Mario

Mantel

Maus

m

m

m

m

m

mi

male

Oma

Arm

Name

mein

mein Name ist

E e

I i

O o

Ei ei

A a

L l

Au au

U u

T t

S s

N n

R r

Aa Aa

Ee

I

O

U

Au

Ei

L

R

T

N

S

A a

i I

e E

u U

Au O

au o

l L T

ei t

Ei

n N S

R r s

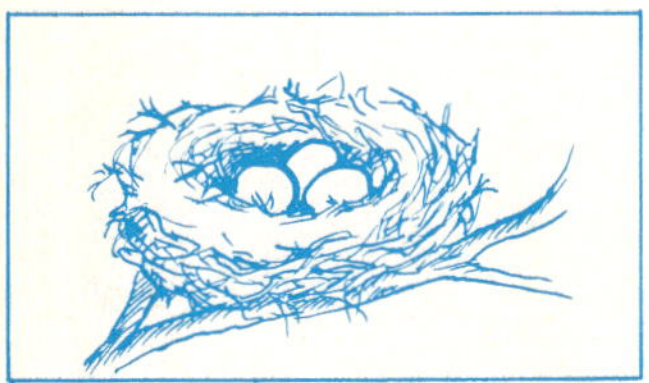

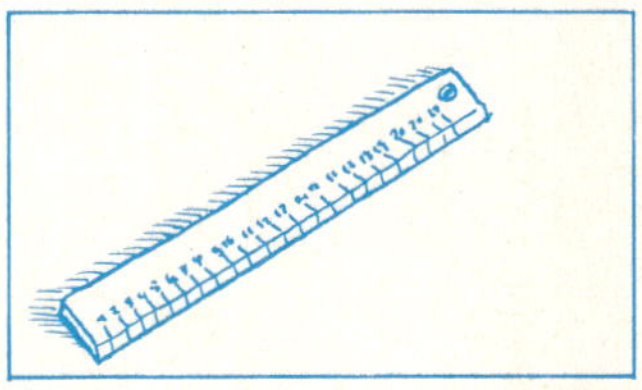

N

S

Sonne, Tasse,
Ente, Nest,
Auto, Eier,
Lineal

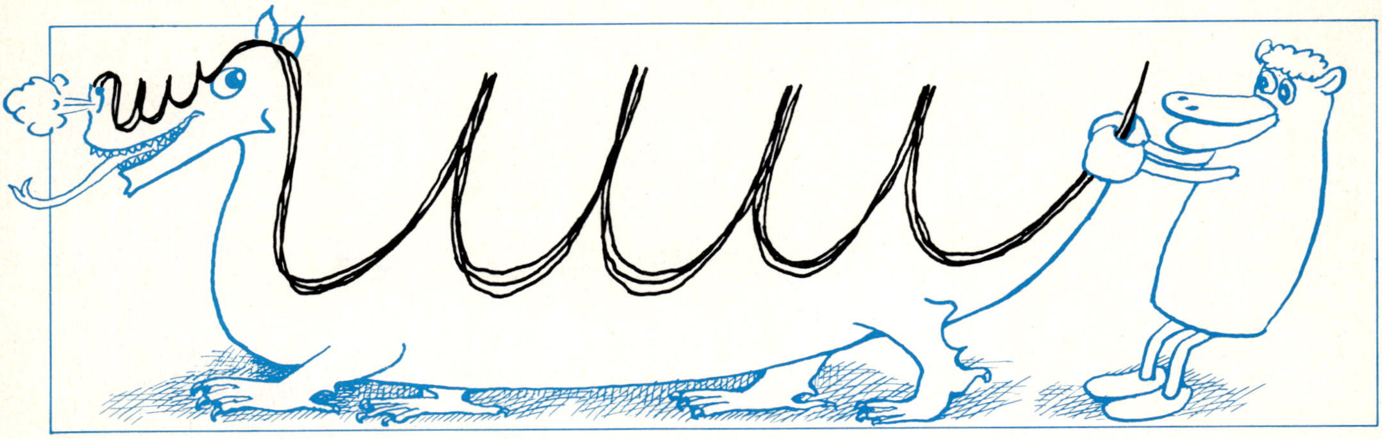

W

W

w

w

w

will

was

Wasser

Willi

 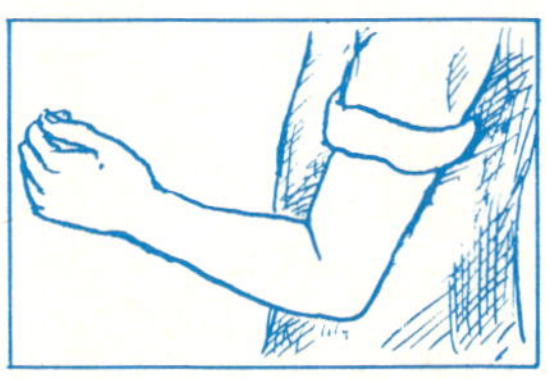  

Wasser, Insel, Maus, Arm

H

H

Hut

Hansi

Haus

Hase

Hose

Heino

Hamster

H

Hansi

Haus

ist

Hamster

Hans

Mantel

Hansi ist Utas .

Ist Hansi in seinem ?

Er ist in Muttis .

 Hamster, Mantel, Haus

h

h

holt

hat

Hans

Uhu

Huhn

Hans hat ein Huhn.

Hans malt einen Uhu.

ch

ich

ach

wach

nicht

Micha

Nacht

Es ist Nacht. Micha ist
noch wach. Was ist los?
Micha macht Licht.

d

d

da

das

der

dem

Hund

Mond

Wurst

Ein Hund hatte eine Wurst.

Er sauste aus dem Haus.

Er sauste an den See.

L L

D

D

D

Dose

Durst

Daumen

Doris

Doris hat immer Durst.

Dorle will eine Dose holen.

Doro malt einen Daumen.

K

K

K

K

K

Kai

Karin

Kater

Karl

Kasten

Kai hat einen Kater.

Der Kater macht: Kch!

Dann schnurrt der Kater.

k

k

k

k

k

k

k h

kalt

krank

Doktor

ck

Decke

Kai war . In der

Schule wollen der wissen:

War der nett?

alle, Doktor, krank

F

F

F T F

Fisch

Fell

Feder

Frau

Frosch

Hut, Haus, Tisch, Kater

f f

fi

Fifi

fort

auf

helfen

tief

schief

Im ist es kalt.

Der Schnee ist oft .

Das Reh kein Futter.

Wir sollten . *)

tief, findet, Winter, helfen

*) Wenn der Text vollständig ist, kann er in ein Heft mit Lineatur 1 übertragen werden.

𝒫

𝒫

𝒫

ℛ

F P K I P K F R I T T R

Pause

Pudel

Post

Rost

Pfau

Pfeil

Peter

Peter hat keinen Kater. Er hat einen Pudel. Sein Name ist Pitti. Pitti ist nicht faul. Er rennt fort und holt den Pfeil.

Peter hat

Peter	Pfau	Pudel	Pfeil
P			

Rad	Fisch	Rose	Frau

 Fisch, Pfau, Rad, Frau, Rose

p *p*

p

p

p

p

p P

prima

Suppe

Papi

Puppe

pusten

Aa → *A a* Dd → *D* Ee →

Ff → Hh → Ii →

Kk → Ll → Mm →

Nn → Oo → Pp →

Rr → Ss → Tt →

Uu → Ww → ch →

E F M O S H I L K N P R U T W
d e h i f k m p s o r ch n u w l t

Wo soll das hin?

Haus, Apfel, Sonne, Frosch, Mond, Maus, Fisch, Puppe, Kuh, Kran, Auto, Roller,

H

S

A

Suppe, Eis, Dach, Nase, Uhu, Opa, Turm, Schi, Wurst

Wolke, Nadel, Arm, Dose, Ampel, Lippen, Sack, Hupe, Schere, Affe, Leiter, Tropfen

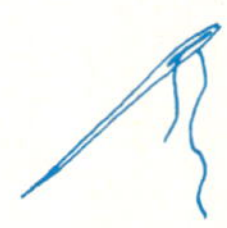

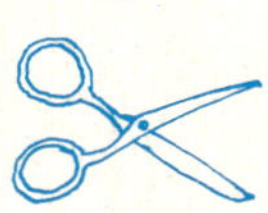

G

Geld

Gold

Gras

Das erste Schweinchen machte sich
ein Haus aus . Das dritte
Schweinchen sich ein
Haus aus . Der
rannte weit fort. Da
die drei Schweinchen.

Gras, Stein, machte, Wolf, lachten

g *g*

g

g

g

G g

grau

weg

flog

Suppe Puppe Haus , kleine

S

graue Maus , huste puste nicht ,

wilder kleiner Wicht , Puppe

mag das nicht .

Puppe, Maus, graue, wilder, nicht, Haus, das, huste, puste, Wicht, mag, kleine, Suppe

B B

B

B

Bauch

Ball

Buch

Bild

Bus

Blume

Ball

Pudel

Buch

Bett

Gras

Rad

Fisch

Roller

Blume

Fisch, Bett, Roller, Pudel, Gras, Rad

b

b

b l

blau

gelb

braun

Robert

Male den Ball und die Blumen an.

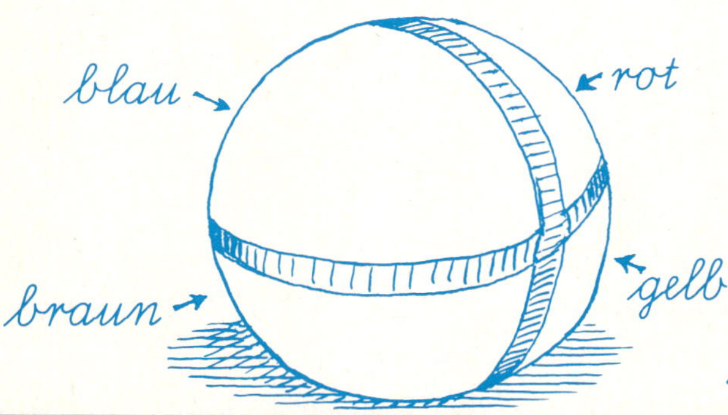

Uta ist im . Sie ein

Buch. Der Fisch ist .

Uta darf auf ihm .

liest, Bett, blau, reiten

V v | V v

V

V

v

voll

vier

Vater

Vogel

Evi

 Vogel V	 Feder	 Puppe
 Vater	 Dose	 Roller
 Blume	 Tasche	 Regen

Dose, Puppe, Vater, Feder, Tasche, Blume, Vogel, Regen

Das A mag Salat *)

der

nanu

der

das I

der

das O

der

das U

es

d b p f e n n r
d b e m r
h k p f
i h k ch ck m g
a st g
i ck
a st sch ch s
sch s w w

a- b- d- e- f- g- h-

i- k- m- n- p- r- s-

ch- sch- st- ck- w-

*) Lesebuch Seite 27

Z z *Z z*

Z

Z

z

Zahn

Zahl

zu

zehn

Evi war beim .

Er ihr einen

heraus. Den durfte

Evi mit nach nehmen.

Nun hat sie den an einer

Kette um den .

zog, Hause, Zahn, Zahnarzt, Hals

Susi spielt mit einem .

Ilse .

Uta .

Robbi

Hunde spielen .

Katzen .

einem Knochen, einer Puppe, Maus, einem Zug, Auto, Ball

A V M Z R P F *F* *E*

A *M* *Z* *R* *B* *P* *T* E

V N *W* W B S T I

G G *N* L *L* *S* H *H* *I*

Kai darf . Er schaut

einen an. Kai sieht ein

Tier: Es hat eine Haut und

kleine . Auf der hat

es ein Horn. Es ist ein .

fernsehen, Film, Ohren, Nase, graue, Nashorn

J

J

Jäger

Junge

Jacke

Jutta

Jürgen

Jürgen sucht Jutta. Hinter einer sieht er Juttas . Er rennt hin, aber ist nicht da. Sie hat sich einem dicken Baum . findet sie nicht.

Jürgen, Jacke, hinter, Hecke, Jutta, versteckt

j *j*

j

j j

ja

jagen

jeder

jung

Mache alles kleiner:

B

Katze – Kätzchen

Ohr –

Puppe –

Mann –

X x X x

X

X

x

X

Hexe

Taxi

Boxer

Mixer

Die kleine wohnte in einem

. Es stand im

Wald. Es hatte ein Dach.

Auf dem Dach hockte .

Hexenhaus, Hexe, schiefes, Abraxas

Eu eu *Eu eu*

Eu

Eule

Euter

eu

Heu

Feuer

Leute

heute

heulen

Kreuz

F	*Eu*	*B*	*T*
er *eu*	*l* *e*	*e l* *eu*	*i* *a x*

C c *C c*

C c

C

c

Co-Pilot

Coca

Cockpit

Carmen

Uwe hat ein . Er spielt mit
. Uwe ist .
Carmen ist . Sie fliegen
nach . Sie landen in der
. Carmen sieht zwei Kamele.

Flugzeug, Carmen, Afrika, Wüste, Pilot, Co-Pilot

Apfel	A	Igel	I
Ball		Jäger	
Dose		Kuchen	
Elefant		Leiter	
Frosch		Mantel	
Gold		Nest	
Hase		Puppe	

Ofen	O	Zeitung	Z
Radio		Brot	
Vogel		Esel	
Hexe		Papier	
Ampel		Indianer	
Vater		Junge	
Wasser		Mädchen	

Qu qu

Qu

Quiesel

Quatsch

qu

quer

quasseln

Unser ist lustig. Er

macht . Dann

er. Er sagt: Mein Name ist

ich renne wie ein .

Witze, quasselt, Quiesel, Wiesel

Schreibe die Sätze noch einmal:

Quiesel

quasselt

quakt

quietscht

Quirl

Quelle

ß ß

ß

ß

ß

Fuß

naß

Nuß

heiß

Biß

groß

Ich heiße

Finde das Reimwort:

Fluß – N	Riß – B
Fuß –	Kuß –
Schloß –	heiß –
gießen –	naß –

Y y Y y

Y y

Y

y

Betty

Baby

Teddy

Ypsilon

Eltern gehen ins Kino. Betty muß auf das aufpassen. Sie tut das gern, denn sie ist schon . Betty gibt ihrem Bruder den . Dann holt sie ihr und liest.

Bettys, Baby, Teddy, Buch, groß

987 654 3

Fotokopiervorlage für die Lineatur von S. 6-17

Fotokopiervorlage für die Lineatur von S. 18-28

Fotokopiervorlage für die Lineatur von S. 29-45

Stoffverteilungsplan bei Beginn mit Druckschrift-Fibel

Woche	Lesen	Schreiben
1/2	i	
3	O o	i
4	S s	
5	L l	O
6	A a	l
7	–	o
8	U u	U u
9	Au au	a
10	R r	S s
11	–	A, Au au
12	T t	R r
13	E e	L
14	N n, I	T t
15	Ei ei	E e
16	ch	N n, I
17	M m	Ei ei
18	Sch sch	M m
19	W w	W w
20	H h	H h ch
21	D d	Schreibschrift parallel oder leicht phasen-verschoben zum Leselehrgang
22	K k	
23	F f	
usw.		

Weitere Stoffverteilungsvorschläge im Lehrerband (2. Auflage).

Stoffverteilungsplan bei Beginn mit Schreibschrift-Fibel

Woche	Lesen	Schreiben
1/2	i	i
3	O o	O
4	L l	l, o
5	U u	U u
6	A a	a
7	–	–
8	S s	S s
9	Au au	A, Au au
10	R r	R r
11	–	L
12	T t	T t
13	E e	E e
14	N n, I	N n, I
15	Ei ei	Ei ei
16	ch	–
17	M m	M m
18	Sch sch	Druck-Schreibschrift-Vergleich
19	W w	W w
20	H h	H h, ch
21	D d	D d
22	K k	Schreiblehrgang parallel zum Leselehrgang
23	F f	
usw.		